AF399325

Päivikki Iivari

Myötäkarvaan silitettävä

Kustantaja: BoD – Books on Demand, Helsinki, Suomi
Valmistaja: BoD – Books on Demand, Norderstedt, Saksa
ISBN: 978-952-800-190-4

Tästä ajasta

Täydellisyydestä

Kaunis nainen
kauneudestaan häikäistynyt
etsii rinnalleen kaunista miestä
kauneudestaan häikäistynyttä

Toisilleen peileiksi toimimaan
toisiaan kauniiksi kehumaan

Täydellinen ulkomuoto
nipsaistaan sieltä
kiristetään täältä

Täytetään tyhjä pää
tyhjänpäiväisyyksillä

Täydellisen
tyhjä elämä

Somesta

Uskallapas tehdä virhe

Naulaan sinut ristille
heitän ensimmäisen kiven
kaikille kuulutan närkästykseni

nimimerkin suojista
paljastamatta itseäni

Sinä olet jotain muuta (kuin minä)
vapaata riistaa moukaroitavaksi

unohtaen että olet ihminen
omine tunteinesi

Paukuttavat rumpujaan yhdet
mustaa ja valkoista

Paukuttavat rumpujaan toiset
hajutonta, mautonta, sukupuoletonta

Paukutat rumpujasi
ollaan yksilöllisiä
(kunhan ei erotuta massasta)

Haluaisin
rikkoa rumpunne
katkoa kapulanne
repiä silmälappunne

Mutta
sittenhän minä olisin kuin
te

Ismeistä

Kasvoton massa kulkee
hajottaen tieltään kaiken
seuraten milloin mitäkin johtajaa
heiluttaen ehdottoman tiedon lippua

Kasvoton massa
saa voimansa vihasta
johon syyllisiä ovat syyttömät

Itselleen otetun oikeuden turvin
kaikki väärin ajattelevat
on murskattava

Kasvoton massa
Luojan vääristynyt peilikuva

Suhteellisuudesta

Valitan
katkennutta kynttä
sormen paperihaavaa

Valitan
syksyistä vesisadetta
kotini lämmöstä

Sitten

Näen kuvia
pommitetuista kodeista
sodan runtelemista ihmisistä
nälän heikentämistä lapsista

Ja minä häpeän
omaa hyväosaisuuttani
… hetken

Normeista

Nostit itsesi vartijakseni
valitsit minut vartioitavaksesi
ohjattavaksi oikein olemaan

Peukaloit
mielipiteeni
tunteeni
ajatukseni

Mutta odotahan vain
vielä tulee hetki, kun
voimalla särjen sellini
otan oman elämäni

Eikä sinua jää kaipaamaan
kukaan

Naamioista

Näkymätön, olematon
huutaa olemassaoloaan

Uutta päivitystä
kuvaa, mielipidettä

Reagoikaa, peukuttakaa
tehkää näkymätön näkyväksi

Hauras minuus
ei kestä omaa seuraansa

Hyvä ihminen

Hyvä ihminen ei lyö
hyvä ihminen kasvattaa

Piikikkäillä sanoilla
repii itsetunnon lihaa
halventavilla kommenteilla
maahan kaataa
ettei mikään varjosta aurinkoaan
himmennä sädekehäänsä

Painokkaalla pisteellä päätät lauseesi
estäen vastaväitteet

Koska olet maailman keskipiste
syytät muita kipupisteistäsi

Suurieleisesti annat roposen köyhälle
kerjäten irtopisteitä

Turhuutta kaikki pisteytys
lopulta kaiken päätepiste
kerää kaikkien pisteet

II

Rakkaudesta

Kosketuksesta

Vihaan sinua
vihaan
vihaan
vihaan

Sitten käännät
nauravat silmäsi minuun
hipaiset poskeani
kuiskit korvaani olemattomia

Jälkeenpäin
vihaan itseäni
ja heikkouttani

Juon sinua
kuin humaltuakseni
huuliasi, ihoasi, lämpöäsi

Juot minua
kuin humaltuaksesi
rintojani, nektariani, lämpöäni

Juomme
juovumme

Ääriään myöden täytät pikarini

Krapulan aika
on myöhemmin

Hän katsoi minua
kuin sinä et koskaan

Hän kosketti minua
hellästi huomioiden
kunnioittavasti
kuin sinä et koskaan

Katselen sinua
ja mietin
miksi omatuntoni
soimaa teostani

Eleeni kutsuvat
katseeni sanoo
tule ja ota minut

Mutta sinä leikit
kuuro-sokeaa

Loukattu naiseuteni
lisää suojakuoreeni
jälleen pari senttiä

Katseellani riisun sinua
haluni huutaa
päästä syliisi
tuntea kätesi ihollani
täyttyä sinusta, huutaa nautinnosta

Mutta epävarmuuteni
jähmettää jalkani
sitoo kieleni kitalakeen
enkä saa sanottua sanaakaan

Katsoessani poistumistasi
kiroan itseäni

Niin paljon on virrannut
äärettömyyden uomassa

Osaanko enää,
katoanko kömpelyyteeni
häpeän puna poskillani

Silitä minua myötäkarvaan
kevyesti kosketa paikoista
jotka sinulle näytän

Ota minut kuin kesäinen sade
ja minä olen sinun

Kätesi vahvat
kämmenet työn kovettamat
höyhenen kevyesti siirtävät sivuun
rintaliivin olkaimen

Huulesi löytävät kaulan kuopan
ja minä sulan

Ei se loppunutkaan
    Rakkaus

Muutti vain muotoaan
enkä sitä tunnistanut
vaikka ympärillä pyöri

Muoto ennen sisältöä

Siivosit ja sisustit
puhtoista, valkoista
tyynyjä, röyhelöitä

Siinä sivussa
siivosit ulos hänetkin
varaston nurkkaan
ruman nojatuolinsa ja
vinyylikokoelmansa kanssa

Yksin valkoisella sohvalla istuessasi
ihmettelet sisintäsi nakertavaa tyhjyyttä

Sanot tuntevasi minut

Miten se on mahdollista
kun en aina itsekkään tiedä
kuka olen

Sinun totuutesi
minun totuuteni
koko maailma siinä välissä

Amputoit särmäni
saadaksesi minut mahtumaan
muotoiseesi lokeroon
kantikas palikka pyöreään reikään

Muoto ennen sisältöä

Harhakuvia

Kuinka lujasti
sitä pitää kiinni sellaisesta
jossa ei oikeastaan
ole mitään kiinni pidettävää

Kuinka helposti
sitä päästää irti sellaisesta
jossa olisi kaikki
mistä kiinni pitää

Puolikas sielu
ihmisen kuoressa
niin paljon minusta veit

Taistelin itseäni vastaan
yritin olla se mikä olin

Minuuteni tuhansina palasina
kuin rikki lyöty peili
toistaen vääristynyttä kuvaa
jostain jota ei enää ole

Omin käsin rakensin
tämän vankilan
rakastin sinua niin

Missä vaiheessa todellisuus
muutti muotoaan?

Rakkaus, kaiken se kestää
Kestänkö minä?

Kaksi sanaa

Mitä kuuluu?
Vuosien takaa lähestyt viestillä

Ja minä mietin
Miksi?

Etkö olekaan onnellinen?
Onko se vihreämpi nurmi kulottunut?

Kuinka paljon puhumatonta
mahtuu kahteen sanaan
vaikka kaiken piti olla sanottu

Hyvää kuuluu

Hymy viipyy huulillani
kyllä, minulle kuuluu hyvää

Kaipuun kaiherrus

Tein sydämeeni
sinulle huoneen
annoin avaimen

Taisit hukata sen

Huoneen valloittivat villakoirat
ja hämähäkit seitteineen

Kaipaan
hentoa vehreyttä
uuteen heräämistä
elämisen riemua

Kaipaan
auringon paistetta
lämpöisiä kesäiltoja
hiljaisia hetkiä pihakeinussa

Kaipaan
kuulaita syyspäiviä
putoavien lehtien rapinaa

Eniten kaipaan sinua
joka et koskaan tullut

Liian monta osumaa
siipeeni saaneena
ryhdyin muurariksi

Kovan ja korkean muurin
muurasin suojakseni

Yksin muuriin nojatessani
toivon, että tulisi joku
joka puhkuisi ja puhaltaisi
muurini nurin
ottaisi kädestä ja johdattaisi lämpöön

Älä vie jalkoja altani
tarvitsen niitä
tule vain rinnalleni

En tarvitse sanoja
en turhia lupauksia

Tule lähelle
ota syliisi
anna hetki lämpöäsi

Vaatimatta, anna voimastasi
niin jaksan huomiseen

Valinnoista

Sinua oli satutettu
niin kuin minuakin

Sinä olit rikki
niin kuin minäkin

Minä halusin
koota itseni takaisin elämälle
ottaa sinut mukaani

Sinä halusit jäädä
piehtaroimaan katkeruuteesi

Sinä pakenit varjoasi
vaikka se on kiinni kantapäissäsi

Lahja vai kirous

Minä poistin kaikki lukot
avaimista tein tuulikellon
tuulessa helisemään
enkä suostunut nielemään
vihan mustaa myrkkyä
en, vaikka kultalautaselta sitä tarjosit

Lahja vai kirous

Vaikka ketään ei enää tulisi
kaadan kaikki aidat
kylvän auringonkukkia
valoa tuomaan

Vaikka kukaan ei enää tulisi
lahja vai kirous

Surun monet kasvot

Mustaan aukkoon
kadotin rakkaan

Mustuus nakersi
pala palalta pois

Eikä jäljelle jäänyt kuin

   vieraus
   ja
   minä

   puolinainen
   vajavainen
   puolikas nainen
   menetettyä suremaan
      …

Sanovat
ettei luojan kanssa
käydä vaihtokauppaa

Sanovat
ettei kuolemaa vastaan
voi taistella

Silti
viimeiseen asti tinkaan
kaikin keinoin taistelen vastaan

Sillä lähtösi
repii sieluani
.

.

.

.
.

Maailma kääntyi ympäri
ja minä putosin, pimeään

Täällä on kylmä
niin kovin kylmä

Makaan tässä
hiljaa
haihtuen
olemattomiin

Ei enää tuskaa

Pieni ääni
pään sisällä kirkuu

KIIPEÄ!

.

.

.

Suru tuli
kun annoin sen tulla

Asettui osaksi minua
kuin hiukset tai silmät päässä
    se on

Eikä suremalla lopu
haalenee ja pienenee
    mutta on

Aina mukanani
kuin selkäsärky tai sydämen lyönnit
    se on

        .

.

Tunnen sinut
tuulessa, sadepisaroissa

Kuulen naurusi
laineen liplatuksessa

Olet kaikkialla
etkä missään

Ja minä

Minä odotan sinua
auringon laskussa
huomisen vastarannalla

...

Yksinäisyydestä kasvoi puu
joka levitti oksansa
yksinäisen ylle

Oksiensa lempeällä havinalla
tuuditti uneen
jossa huuliharppu hiljaa soi

Tyhjä syli

Valkotakkinen hahmo
häilyy sängyn vierellä selittäen
   kaikki hyvin
   reippaasti ylös vaan pikku rouva

Tyhjä syli
enkä voi edes huutaa
verhon takana joku muu
lapsi tuhisten rinnalla

Konemaisesti puen päälleni
liian isot vaatteet

"kaikki hyvin"
MIKÄÄN EI OLE HYVIN

Tahdon huutaa ja ulvoa tuskaani

Tahdon ruoskia tämän kehon
joka petti minut
onnen kukkuloilta
pudotti mustaan kuiluun

Veivät sinut pois näyttämättä

Pieni enkelini
lennä taivaaseen asti

Tänne jää, lapseton äiti

Vanhat haavat

Aika parantaa haavat

Ei helvetissä
turruttaa ja arpeuttaa vain

Kunnes kohtalo
kuin kiusallaan
avaa vanhat haavat
ja siinä olet jälleen
polvillaan kipusi edessä
yrittäen muistaa miten käveltiin

Hukkasin haaveeni
kadotin toiveeni
väsyneenä raahustaen
päivästä toiseen

Silmieni syvyydestä
et iloa löydä
vaikka suuni muuta väittää

Elämä
se on jossain muualla

Hyökyaalto

Olet päätä puristava vanne
korvissa kirskuva ääni
rinnassa puristava pelko
joka aamu päälle hyökyvä aalto

Niin minua raastat
itse tehty kiire
ruuhkavuodet
ARKI

Nyt, aikani huvetessa
vaalin jokaista hetkeä
enkä päivääkään antaisi pois

Rauha

Valo hiipii hiljaa
laskevan auringon kintereillä
tilalle astuva hämärä
pehmentää ääriviivat
kunnes pimeä nielaisee ne kokonaan

Jättäytyä yön syliin
toivoa kauniita unia

Rakkaudesta

Halu lähteä
tahto jäädä

Halu olla hyvä
tahtoo unohtua tässä ajassa
missä ihmiset repivät toisiaan
kuin nälkäiset hyeenat

Halu olla yksin
tahto rakastua

Halu päästää irti
tahto pitää kiinni
vaikka ketään ei voi omistaa
antaa itseni sinulle

Halu nukkua yksin
tahto herätä viereltäsi

Kesytä pelkoni
tahdon kulkea kanssasi
yhtä matkaa
haluta vain sinua

Tuulen huuhtomalla rannalla
kaksi, elämän arpeuttamaa
paljaana, ihmisenä ihmiselle

Koko minuuteni
halajaa sinuuttasi
ystäväni, rakkaani

Tuulen huuhtomalta rannalta
kaksi yhtenä, käsi kädessä
kohti horisonttia

Sinuun minä jäin
tahdon herätä viereltäsi
vuoden jokaisena aamuna
tahdon voimaantua sylissäsi

Sinuun minä sitoudun
tuhansin pienin joustavin sitein
jotka antavat kummallekin
tilaa olla ja hengittää

Sinuun minä jään
en pelkää enää

III

Pieniä hetkiä

Harmonia

Tuuli on jäänyt nukkumaan

antaen puille vapaapäivän

täydellinen tyyneys

vain linnun laulu

tervehtii aamun kulkijaa

Lampi

Tumma pinta
nestemäinen peili
heijastaa kaikkea ympäriltään
paljastamatta itsestään mitään

Antaa airon tulla, mennä
hetken elää mukana liikkeen
palaten liikkumattomuuteensa
paljastamatta itsestään mitään

Elämän tuska

Aurinko laittaa
pakkasen puremat puut
kimmeltämään tuhansina timantteina

Istun lämpimässä
katsellen tyhjin silmin ulos
potien elämän tuskaa

Viriävä tuuli saa
kuuran hopeoimat oksat
tanssien säkenöimään

Kahvikin on loppu

Vale

Siksi sitä käärmettä
yritän häätää

Koko ajan
korvaan kuiskimassa

Ylijäämä nainen, turhake
kelleen et kelpaa

Hiljaa saatana!

Minä en putoa
rakastettu on oikea nimeni
ja se on lohtuni

Kasvu

Tänään olen tällainen
kokemusteni kasvattama

Vuosi sitten olin erilainen
erilainen kuin eilen

Vuoden päästä olen toisenlainen
toinen kuin huomenna

Elämässä kasvanut
osieni summa

Oivallus

On asioita jotka muistan
asioita jotka olen unohtanut
asioita jotka muistan
vaikka haluaisin unohtaa

Joskus on oltava tyhmä
että myöhemmin virheistään
oppineena voisi olla viisas

Voittajat kirjoittavat historian

Ajan hammas

Päivien kiihtyvässä ohimarssissa
aamu – ilta
joulu – juhannus
vaihtavat paikkaa lennossa

Aina vähän väärässä ajassa
olenko koskaan läsnä?

Missä on jarru?

Unohduksen sumuvaippa
pyyhkii muistikuvien reunoja

Olenko ollut olemassa
eilen
tänään
huomenna

Vuosien soljuva virta
on huuhtonut peruskalliotani
hioen pois kaiken turhan
jättäen jäljelle olevaisuuden ytimen
ja tämän hetken

Peili

Varjoista etsin itseäni
puolikastani
varjoani
mutta hämärässä
kaikki näytti samalta

Ole minulle lyhtynä
hehkuvana valona pimeässä
että jälleen näkisin varjoni

Yön selässä

Yökerhon vilkkuvat valot
korvia riipivä meteli

Yön saalistajat toimissaan
kultaiset renkaat sormissaan
turtumuksen soutaessa suonissaan
valheellisen onnen sätkynuket

Kysymys törmäilee pääni sisällä
mitähän helvettiä
minä teen täällä

Vedenneito

Äärellä tyynen meren
mielikuvissani pitkin pintaa liukuisin
kunnes syvälle sukeltaisin
veden väeksi muuttuisin

Rannalle jäisi kaikki
se paska painolasti

Vaan murheensa taitaa olla
veden väelläkin…

Haave

Haaveilen vapaudesta
sellaisesta kuin taivaan linnulla

Ilman lokerointia
muotoon pakottavia sääntöjä
pääni sisäisiä tiukkoja rajoituksia

Ilman huolta
huomisesta leivästä

Liian raskas lentämään

Koti

Kauan vaelsin
etsien paikkaa
jota kodiksi kutsua

Vihdoin löysin sen
vahingossa
kuten elämässä yleensä

Tähän jään
työnnän juureni maahan
juurrun, kotiudun

Enkä pois lähde
kuin ehkä vahingossa
kuten elämässä yleensä

Kiitos
kuhmuista ja arvista
niistä tiedän eläneeni

Kiitos
kivusta ja särystä
niistä tiedän yhä eläväni

Kiitos
surusta ja vastoinkäymisistä
ilman niitä en tuntisi
onnen olemusta

Kiitos
rakkaudesta jota saan
rakkaudesta jota saan antaa

Kiitos suojelusenkelini valppaudesta